sión

CÉSAR CASTELLANOS D.

visión

DOCTRINA

NIVEL 2

GUIA DEL ESTUDIANTE

visi

CÉSAR CASTELLANOS D. © 2003
Publicado por G12 Editores
sales@g12bookstore.com
ventas@g12bookstore.com
www.visiong12.com

ISBN 1-932285-09-4

Cuando no se indica otra fuente, las citas
bíblicas corresponden a la versión: Reina
Valera, 1960 (Copyright Sociedades Bíblicas
en América Latina).

Dirección Editorial_Johanna Castellanos
Editora General_Perla Doris Mora

G12 Editores

Calle 22C No. 31-01
PBX: (571) 2693420
Bogotá, D.C., Colombia

Impreso en Colombia
Printed in Colombia

CONTENIDO

Continuando con el proceso de formación del liderazgo que Dios está levantando para el siglo XXI, se presenta la Guía del Estudiante, Nivel 2 de Escuela de Líderes, cuyo objetivo es dotar a los maestros de elemntos para preparar de manera integral a los estudiantes, en el conocimiento de la visión celular como estrategia multiplicadora de la iglesia en los tiempos actuales, y brindarles las herramientas necesarias que les permitan ser agentes activos, a fin de lograr que la visión corra a lo largo y ancho de del mundo.

«Y Jehová me respondió, y dijo: Escribe la visión, y declárala en tablas, para que corra el que leyere en ella» (Habacuc 2: 2)

Según este pasaje, mi compromiso es escribir la visión para que todo aquel que tenga la oportunidad de leerla se encargue de correr con ella, y la de a conocer en todos los rincones de la tierra.

La Escuela de Líderes es la entidad encargada de lograr que los líderes en formación capten la visión en su esencia y se comprometan con ella y ayuden a que la promesa bíblica sea cumplida.

Desafío a los maestros del segundo nivel a preparar, estudiar y transmitir con dedicación el presente material, entendiendo que en él se encuentran los principios necesarios para convertirse, con destreza y autoridad espiritual, en ejecutores expertos de la visión celular.

César Castellanos Domínguez

El Poder de una Visión

LECCION

TEXTO CLAVE

«Y Jehová me respondió, y dijo: Escribe la visión, y declárala en tablas, para que corra el que leyere en ella»
Habacuc 2:2

PROPÓSITO

Tan pronto usted empieza a caminar por la senda de la vida cristiana, convertido en discípulo de Jesucristo, seguidor y practicante de sus enseñanzas, un velo se corre de su mente, su corazón, y sus ojos. El panorama de la vida cambia ante usted, porque Dios lo convierte en visionario.

Cuando Dios creó el mundo, y en él al hombre, lo hizo guiado por su incomparable e inimitable capacidad creativa. Dios tuvo primero una visión de lo que anhelaba establecer en la creación, y esta visión le sirvió para alcanzar el propósito de su corazón, «somos la obra maestra de Dios» (Efesios 2:10).

De igual forma, al hacernos a imagen y semejanza suya, el Señor nos dota de una capacidad creativa, que sólo puede convertirse en algo efectivo para nuestra vida y nuestra labor al interior de la iglesia, en la medida en que nos atrevamos a ser visionarios.

La visión lo determina todo. En el proceso hacia el éxito, y a través de la historia bíblica notamos que Dios, para llevar a cabo sus propósitos, escoge a un hombre al que le revela su voluntad, muestra sus planes y luego lo rodea de personas que, se identificaron con ellos y los apoyaronen todo lo que emprendieron, convirtiéndose en la fuerza que empuja la visión.

Esta lección tiene como propósito, brindar pautas claras respecto del concepto de visión, y de la importancia de soñar y emprender grandes cosas para Dios, guiados siempre por su propósito. Al mismo tiempo, permitirá conocer en detalle los aspectos más importantes de la visión que guía a la iglesia en la que se ha involucrado para servirle al Señor.

1. ¿QUÉ ES VISIÓN?

Es la idea de Dios revelada a la mente del hombre para que éste la ejecute.

Todo cuanto existe se ha originado por una visión que Dios tuvo de la creación. Al trasladar al hombre esta capacidad, el Señor espera que luche por alcanzarla ejecutando su idea creativa. La visión es el motor que ha impulsado a líderes destacados, quienes han forjado el destino de toda una nación sobreponiéndose a todo tipo de adversidades.

El concepto de visión ha sido manejado desde el inicio de la creación, siendo la idea misma de Dios la que impulsó la ejecución de todas las cosas, incluyendo su obra maestra: el hombre «Entonces dijo Dios: Hagamos al hombre a nuestra imagen, conforme a nuestra semejanza...» (Génesis 1:26).

La visión consiste en tener una imagen clara de lo que Dios quiere que yo haga, y lo que espera que sea. Es a través de la fe que entramos en el plano espiritual y logramos recibir esa idea creativa, la visión y la traemos al plano natural con la ayuda del Espíritu Santo.

2. CARACTERÍSTICAS DE UNA VISIÓN DADA POR DIOS

Las siguientes características de una visión que viene de Dios, nos ayudarán a involucrarnos más en el cumplimiento de su propósito:

A. Es la fuerza motivadora de grandes líderes

La visión de Dios, es la que hace triunfadores. El líder de éxito, se preocupa por saber cuál es el propósito del Señor para su vida, y dispone de todas sus capacidades para desarrollarlo.

El triunfo se obtiene cuando el hombre decide cuidar sus pensamientos y se esfuerza por tener la mente de Cristo. (Filipenses 4:8)

B. Poder que vivifica

La visión implica, permanecer en el plano espiritual, y desde allí, observar lo que se desea en el plano natural. Sólo así se pueden ver las cosas con los ojos de Dios y llamar lo que no es como si fuese.

Como sucedió con el profeta Ezequiel cuando tuvo la visión del valle de los huesos secos. Se requiere comprender que la única manera de lograr un cambio especial en cada vida y en lo que se proponga, es a través de la intervención divina (Ezequiel 37:1-9).

C. Puede ser reproducida por un líder de éxito

La visión que tuvo el Señor Jesús fue redimir a la humanidad de una segura condenación. Aparte de El, no existía, ni existe otra esperanza para el hombre, pero Jesús tuvo la visión de salvarnos pagando un elevado precio que fue el derramamiento de su sangre y muerte en la cruz del Calvario.

Nuestra tarea es adoptar esta visión y reproducirla en otros, compartiendo el mensaje de salvación.
(Proverbios 24:11, Habacuc 2:2,3)

3. DEFINICIÓN E IDENTIFICACIÓN DE LA VISIÓN

Hasta ahora usted ha comprendido lo que es una visión y las cualidades que la identifican como proveniente de Dios.
Es importante que sepa que la visión está asociada a un liderazgo y a un ministerio. Al ser parte de M.C.I., usted está involucrado en una visión específica:

«Ganar a Colombia y al mundo para Cristo, a través del sistema celular y el modelo de los doce; es decir, haciendo de cada miembro de la iglesia un líder capacitado para reproducir la obra de Dios»

Proceso al interior de la visión

Se desarrolla mediante la aplicación de un proceso denominado: LA ESCALERA DEL ÉXITO, que está determinado por los siguientes pasos: Ganar, Consolidar, Discipular y Enviar.

A. Ganar

Es la etapa de evangelismo. Se ejecuta a través del contacto personal, o en forma masiva, aprovechando reuniones congregacionales. Ganar a los perdidos para Cristo, es una labor que no depende de nuestra decisión, es un requerimiento hecho por el Señor en la Gran Comisión. (Mateo 28: 18,19).

Gracias a que los discípulos de Cristo empezaron a cumplir con este mandato, el mensaje de salvación llegó hasta nuestros días y hemos sido rescatados, ahora nuestra responsabilidad, es continuar con esta tarea. (Juan 17:3 Proverbios 11:30b).

Ganar almas, es como un arte en el que se combinan el tiempo de Dios, la unción divina, y la sensibilidad al Espíritu Santo.

B. Consolidar

Consiste en conservar el fruto alcanzado en la etapa de ganar. Es el cuidado que se debe brindar al recién convertido y constituye un proceso eficaz para formar discípulos, cumpliendo de manera integral con la Gran Comisión. (Mateo 28:18-20; Juan 15:16,17).

En la consolidación, el nuevo reafirma su decisión personal por Jesucristo, a través de la atención que se le brinda a cada uno, desde el instante de la entrega. Es un trabajo que exige dedicación, entrega, y esfuerzo por ver a los nuevos creyentes solidificarse en su fe . (Gálatas 4:19).

C. Discipular

En el desarrollo de la visión uno de los principales objetivos es hacer de cada creyente un líder, es decir, alguien capaz de reproducir el carácter de Cristo, en él y en otras personas. Demanda una formación que se denomina discipulado. esto equivale a un entrenamiento que prepara a cada individuo, para ganar a los perdidos y ejercer un liderazgo de influencia positiva. Esta etapa también está determinada en la Gran Comisión: «…Enseñándoles que guarden todas las cosas que os he mandado» (Mateo 28:20).

D. Enviar

Toda persona que ha recibido capacitación en aspectos teológicos y doctrinales, y ha captado el carácter de Cristo durante la etapa del discipulado, estará preparada para reproducirse en otros cumpliendo una misión evangelística. (Mateo 9:38).

Durante este proceso, el creyente formado comprende que debe poner a funcionar los talentos que Dios le ha entregado y que han sido perfeccionados durante la capacitación. Hechos 6:3

CONCLUSIÓN

La visión es la idea creativa de Dios revelada a la mente del hombre a fin de que éste la ejecute. Además sirve como motor para alcanzar los más nobles propósitos en la vida. Nuestra visión hoy es ganar al mundo para Cristo, aplicando estrategias como las células y el liderazgo a través de los doce, cumpliendo así con la Gran Comisión. Todos estamos llamados a ser visionarios y a hacer realidad el propósito de Dios en esta tierra.

APLICACIÓN

1. Dispóngase a ser una persona de sueños guiados por el Espíritu Santo.
   Defina una meta en su área espiritual, personal, familiar, ministerial y secular. Trabaje por alcanzarlas.

2. Propóngase conocer y aplicar la visión en que está involucrado de manera disciplinada.
   Visualice que será enviado a cumplir con el propósito de Dios para su vida.

TAREA

Describa brevemente, el proceso que usted ha vivido dentro de la visión, y el punto donde se encuentra en la Escalera del Éxito.

1 Cuestionario de Apoyo

1. Con sus palabras defina el significado de VISION

_____

_____

2. ¿Cuál cree que es la visión de lo que Dios tiene para su vida y ministerio?

_____

_____

3. ¿Cuáles son las características de una Visión dada por Dios?

_____

_____

_____

_____

4. Según Filipenses 4:8 ¿Por qué se debe tener la mente de Cristo para desarrollar la Visión? _____

_____

_____

5. Según Proverbios 24:11 ¿Cuál es nuestra labor como cristianos?

_____

_____

6. ¿Cuál es la Visión en la que estamos involucrados dentro de la M.C.I.?

_____

_____

7. ¿Cuáles son los pasos de la Escalera del Éxito? _____

_____

_____

8. En Mateo 28: 18-19 habla de un requerimiento hecho por Jesús a cada uno de nosotros. ¿Cuál es? _____

_____

_____

9. Nuestra tarea como cristianos es continuar con la labor que Jesús empezó hace 2000 años. Según Juan 17: 3 ¿Cómo lo podemos hacer?

_____

_____

10. ¿Qué es consolidar? _____

_____

_____

11. ¿Cómo se logra en el nuevo, reafirmar su decisión personal por Jesucristo?

_____

_____

12. Lea Mateo 28: 20a y diga con sus propias palabras lo que es ser LÍDER.

_____

_____

13. ¿Qué aspectos ha tenido que formar Dios en su carácter para que sea un líder de éxito?

_____

_____

FUNDAMENTACION
BÍBLICA BASICA

Mateo 9: 35-38

FUNDAMENTACION
BÍBLICA
COMPLEMENTARIA

Hechos 5: 42

Hechos 2: 42

Hechos 6: 3-7

Mateo 9: 10

Mateo 9: 24-26

Hechos 18: 11

Visión Celular

2
LECCION

TEXTO CLAVE

«Recorría Jesús todas las
ciudades y aldeas, enseñando
en las sinagogas de ellos, y
predicando el evangelio del reino, y
sanando toda enfermedad y toda
dolencia en el pueblo»
Mateo 9:35

PROPÓSITO

Al convertirse en un seguidor de Jesucristo, cada creyente podrá experimentar la bendición de abrir su casa para que en ella, se comparta el mensaje de Cristo y de esta manera, el evangelio se extienda entre sus familiares, parientes y vecinos.

Dios ha dado a M.C.I. una visión en la que se destaca el trabajo en los hogares (visión celular) como estrategia básica para alcanzar las multitudes para Cristo. Ésta, forma parte de la unción de multiplicación otorgada a la iglesia hoy, y tiene un claro fundamento bíblico.

Hechos 10 nos habla acerca del nacimiento de la iglesia primitiva. Relata los acontecimientos que tuvieron lugar en casa de Cornelio, un hombre gentil, quien reunió a todos sus familiares, amigos y conocidos para escuchar el evangelio a través de Pedro. Desde ese instante las casas se convirtieron en lugares propicios para la difusión del mensaje de Cristo y aún para la realización de milagros en el nombre de Jesús, fortaleciendo al cuerpo de Cristo.

La visión celular, tema central de ésta lección, permite que usted comprenda la importancia de abrir casas para compartir el evangelio, y ponga en práctica el modelo celular.

También produce una gran multiplicación numérica, además del crecimiento espiritual de la iglesia en nuestros días. Al mismo tiempo, garantiza que las más ricas bendiciones alcancen a los creyentes cuando deciden abrir sus hogares para el funcionamiento de una célula.

1. ¿ QUE SON LAS CÉLULAS?

Son «**Grupos pequeños integrados por personas que se reúnen una vez por semana, con el ánimo de desarrollar su crecimiento integral centrado en la Palabra de Dios**»

En estos grupos intervienen:

· Anfitrión: Es quien facilita el lugar
· Líder: Es la persona capacitada para dirigir la célula
· Timoteo: Es la mano derecha del líder
· Participantes: Todos los miembros activos y personas invitadas a la reunión.

Las células constituyen pequeños centros de enseñanza de las Escrituras de una manera sencilla y práctica. Alli los asistentes son edificados incluyendo a los que, semana tras semana, son ganados para Cristo. Este principio se conserva desde los tiempos de la iglesia primitiva cuando el crecimiento de las congregaciones se generó a partir de las reuniones en las casas.

«Y crecía la palabra del Señor, y el número de los discípulos se multiplicaba grandemente en Jerusalén» (Hechos 6: 7).

«...y cómo nada que fuese útil he rehuido de anunciaros y enseñaros, públicamente y por las casas, testificando a judíos y a gentiles acerca del arrepentimiento para con Dios, y de la fe en nuestro Señor Jesucristo» (Hechos 20: 20,21)

2. ANTECEDENTES BÍBLICOS DE LAS CÉLULAS

A. Jesús ministró continuamente en las casas (Mateo 9: 10)

B. Jesús operó sanidades en las casas (Mateo 9: 23,24)

C. Jesús usó las casas para formar a sus doce (Marcos 9: 33-35)

D. La Santa Cena se compartió por primera vez en una casa (Mateo 26: 17,18).

E. El Espíritu Santo fue derramado por primera vez en una casa (Hechos 2: 2-4)

F. La iglesia se fundó en las casas (Hechos 2:42)

3. IMPORTANCIA DE LA VISIÓN CELULAR

Tenga en cuenta que abrir la puerta de una casa para que funcione una célula, equivale a llevar el arca de Dios a ella, para desde allí irradiar con la luz del evangelio a todo un vecindario. Al ser fieles en lo poco (una célula), el Señor se irá encargando de llevarnos a lo mucho.

a. El éxito de la iglesia está en las células

En la medida en que la iglesia se apropie de la visión celular y se esfuerce en desarrollarla, el éxito se irá presentando al interior de la congregación, y se verá reflejado en crecimiento espiritual y numérico.
La visión celular facilita la formación y capacitación de discípulos que se encargarán de difundir el mensaje de Cristo en todo el mundo.

b. Las células permiten el pastoreo persona a persona

Jesús siempre se preocupó por llegar a la necesidad de cada persona, y desarrolló su ministerio a través del contacto con la gente, sin la limitación de un recinto Marcos 6:34. La visión celular nos permite actuar de la misma manera que lo hizo Jesús, aún el creyente más sencillo puede reunir a su familia y el líder de célula puede ejercer un pastoreo directo con cada persona.

La labor pastoral se hace más fácil cuando todo el trabajo no recae sobre una sola persona. Cuando un pastor logra involucrar a la iglesia en el trabajo celular, los resultados son más efectivos y cada miembro de la congregación se sentirá siempre cuidado.

c. Las células son pequeños grupos que fortalecen la iglesia

Dentro de una célula se cumple con una labor evangelística, ya que las personas nuevas que son invitadas cada semana pueden ser ganadas para Cristo. Allí también se edifica al nuevo creyente a través de la enseñanza de la Palabra, para que llegue a ser instrumento útil, y sea preparado la multiplicación de la célula. (1a Pedro 5: 10).

d. Las Células son una forma de suplir la necesidad de cada persona

Los miembros de cada congregación no sólo tienen necesidades de carácter espiritual, emocional sino también material. Las reuniones de hogar contribuyen a la satisfacción de sus necesidades tal como ocurría en la iglesia primitiva.)Hechos 2:44-47).

e. Las células constituyen una fuente de formación de los doce

En la estrategia de multiplicación que se desarrolla paralelamente a las células, involucre los grupos de doce. La misma está fundamentada en el modelo de Jesús, quien escogió a doce discípulos para desarrollar su ministerio.

Las células son una eficaz fuente de formación y selección de nuestros equipos de doce. En ella se escoge a quienes muestran más frutos y se ora para confirmar si es voluntad divina que conformen el equipo básico de líderes que le apoyará ministerialmente. (Lucas 6:12-17).

CONCLUSION

La visión celular constituye una estrategia de Dios para la multiplicación de la iglesia en nuestro tiempo, aunque con antecedentes en la iglesia primitiva. Las células son pequeños grupos que se reúnen semanalmente para compartir la Palabra de Dios y adorarle a El, mientras cada persona es pastoreada de manera directa y sus necesidades son suplidas.

APLICACIÓN

1. Si no lo ha hecho, procure abrir su casa para que en ella funcione una célula, tenga en cuenta que esto equivale a llevar el arca de Dios a su hogar.

2. Involúcrese en la visión celular invitando semanalmente a familiares, amigos y vecinos a participar de la reunión.

TAREA

Escriba en una hoja si asiste o no a una célula. Si la respuesta es sí, indique la ubicación zonal de la célula, el nombre del líder que la dirige y cómo ha sido usted beneficiado la célula en su vida.

Si la respuesta es no, explique por qué no concurre.

2 Cuestionario de Apoyo

1. ¿Cuál fue la estrategia que Dios nos dio para alcanzar las multitudes?

_____

_____

2. Según Hechos capítulo 10 ¿cómo se dio inicio a la Iglesia?

_____

_____

_____

_____

3. ¿Cuáles cree que son las ventajas de abrir una casa para el funcionamiento de una célula?

_____

_____

4. ¿Qué es una CÉLULA?

_____

_____

5. ¿Por quién está conformada la CÉLULA?

_____

_____

6. Según Mateo 9:23-24 ¿Qué caracterizó el Ministerio de Jesús?

_____

_____

7. Según Hechos 2 :2-4 ¿Dónde fue derramado el Espíritu Santo por primera vez?

_____

_____

8. ¿Cuál es la importancia de la Visión celular?

_____

_____

9. Lea Hechos 2:44-47 y describa con sus propias palabras lo que hacía que cada día fueran añadidos a la Iglesia los que habían de ser salvos.

_____

_____

_____

_____

_____

10. ¿Dónde comienza la formación de un equipo de doce y por qué?

_____

_____

_____

_____

2ª Timoteo 2: 1-2 y 15

Preparación para manejar una Célula

LECCION

Lucas 2:52

1 Tesalonicenses 5:23

1 Timoteo 4: 11-16

Efesios 4: 12-16

Filipenses 3:8

1 Corintios 6:19

Salmos 127:1

Proverbios 9:1; 3

Juan 2

Proverbios 18:24

Eclesiastés 9:4

TEXTO CLAVE

«Procura con diligencia presentarte a Dios aprobado, como obrero que no tiene de que avergonzarse, que usa bien la palabra de verdad»
2ª Timoteo 2:15

PROPÓSITO

Nos encontramos viviendo tiempos de muchas exigencias a nivel social, ante ellas, la iglesia debe estar lista a fin de contrarrestar con eficiencia los ataques y desafíos del mundo exterior. Esto exige que cada creyente se entregue con un claro criterio de responsabilidad a desarrollar la tarea que el Señor le ha encomendado, lo que demanda una genuina preparación.

Está bien que Dios nos ha dado unción de multiplicación y nos ha revelado estrategias efectivas para ganar al mundo para Cristo, pero esto no significa que podamos enfrentar al mundo de manera improvisada.
A través de las Sagradas Escrituras encontramos que Dios desafía a sus escogidos y a su pueblo a prepararse para obtener el éxito. Esta preparación abarca las distintas áreas de la vida (1 Tesalonicenses 5:23) y es la que nos permite asumir con autoridad el compromiso de predicar el evangelio y desarrollar la visión recibida de Dios.

Está comprobado que el trabajo celular garantiza el éxito en el crecimiento de la iglesia, pero esta garantía emana de la capacitación integral de los líderes a quienes se les encomienda la dirección de una célula.

Conscientes de la importancia y la necesidad de una capacitación personal, se ha desarrollado esta lección, que expone criterios fundamentales para que obtenga la autoridad requerida y conduzca acertadamente una célula, así como para obtener éxito en su vida personal.

1. UN CONCEPTO DE PREPARACIÓN

La preparación es el proceso a través del cual nos alistamos para poder alcanzar un fin determinado. Es la disposición, tanto intelectual como espiritual y aún física, que permite cumplir con una tarea específica. La disposición a prepararse de manera continua y con parámetros definidos, es lo que garantiza que una persona pueda obtener el éxito en todo cuanto emprende.

Las Sagradas Escrituras registran los nombres de hombres y mujeres que entendieron el propósito de Dios para sus vidas y respondieron a su llamado mediante un ejercicio constante de preparación. El apóstol Pablo es un ejemplo claro de alguien que comprendió la importancia de prepararse para alcanzar su meta en la vida cristiana y ejecutar con eficiencia su tarea.

«Pero cuantas cosas eran para mí ganancia, las he estimado como pérdida por amor de Cristo. Y ciertamente, aun estimo todas las cosas como pérdida por la excelencia del conocimiento de Cristo Jesús, mi Señor, por amor del cual lo he perdido todo, y lo tengo por basura , para ganar a Cristo» (Filipenses 3:7-8)

2. ÁREAS EN QUE DEBEMOS ESTAR PREPARADOS

Así como la visión en la que estamos involucrados es integral, la preparación que requiere cada persona para trabajar en ella también debe ser integral, incluyendo las siguientes áreas:

- · Espiritual
- · Intelectual
- · Emocional
- · Física
- · Social.

a. Área espiritual

Implica andar en búsqueda de la santidad. Consagrados completamente a Dios a fin de permanecer en intimidad con El.

«En cuanto a la pasada manera de vivir, despojaos del viejo hombre, que está viciado conforme a los deseos engañosos, y renovaos en el espíritu de vuestra mente, y vestíos del nuevo hombre, creado según Dios en la justicia y santidad de la verdad» (Efesios 4:22-24).

b. Área intelectual

El líder de célula debe procurar la autoformación y adquirir conocimiento a través de la lectura de la Biblia así como de libros que le edifiquen en todas las áreas. La preparación en el ámbito intelectual demanda una renovación de la mente, que debe a su vez, enriquecerse con el conocimiento de la Palabra de Dios.

«No os conforméis a este siglo, sino transformaos por medio de la renovación de vuestro entendimiento, para que comprobéis cuál sea la buena voluntad de Dios, agradable y perfecta» (Romanos 12:2).

c. Área emocional

Una de las áreas en que más debe preparase una persona
es en la emocional por cuanto de su estabilidad, depende la
firmeza de carácter y la autoridad para orientar a otros.
Es importante disponernos para que Dios establezca una
autoestima sana, y nos ayude a eliminar raíces de amargura,
resentimientos y conflictos emocionales.

«Quítense de vosotros toda amargura, enojo, ira, gritería y
maledicencia, y toda malicia. Antes sed benignos unos con
otros, misericordiosos, perdonándoos unos a otros, como
Dios también os perdonó a vosotros en Cristo» (Efesios 4: 31,32).

d. Área física

Aunque muchos consideran que el área espiritual es la única
que debe recibir la atención adecuada, no podemos olvidar
que nuestro cuerpo es el templo del Espíritu Santo y, por lo
tanto, debemos prepararlo y mantenerlo en buen estado
con ejercicios periódicos, exámenes médicos continuos y
una sana alimentación.

«¿O ignoráis que vuestro cuerpo es templo del Espíritu
Santo, el cual está en vosotros, el cual tenéis de Dios, y
que no sois vuestros?» (1a Corintios 6:19).

e. Área social

El apóstol Pablo dice que tenemos en derredor nuestro una
grande nube de testigos, en otras palabras, la sociedad tiene la
mira puesta en nosotros y por ello debemos estar preparados
genuinamente para dar a ellos el mejor testimonio. La preparación
en el área social abarca el mantener excelentes relaciones con
nuestros familiares y cultivar amistades con personas que nos
edifiquen.

«Yo, pues, preso en el Señor, os ruego que andéis como es digno
de la vocación con que fuisteis llamados, con toda humildad y
mansedumbre, soportándoos con paciencia los unos a los otros
en amor, solícitos en guardar la unidad del Espíritu en el vínculo
de la paz» (Efesios 4:1-3)

CONCLUSIÓN

Las células constituyen una gran estrategia para la multiplicación de la iglesia en todos los niveles. Pero el éxito de las mismas radica en la preparación que tenga el líder, lo que equivale a la adquisición de recursos para fortalecer todas las áreas de nuestra vida . Cada persona debe prepararse a nivel espiritual, intelectual, emocional, físico y social para alcanzar éxito pleno.

APLICACIÓN

1. Examine hasta qué punto está preparado para conducir una célula. Observe las distintas esferas de su vida y fortalezca aquellas en que note alguna deficiencia o debilidad.

2. Organice su tiempo para desarrollar un cronograma de capacitación. Defina metas específicas y día a día realice una actividad que le permita avanzar hasta alcanzarlas.

TAREA

Califique de 1 a 5 su preparación personal para manejar una célula

Espiritual	
Intelectual	
Emocional	
Física	
Social	

3 Cuestionario de Apoyo

1. Lea 2 de Timoteo 2:15 e investigue que significa la palabra "DILIGENCIA" y de acuerdo a su significado, como podría desarrollarla en su vida.

_____
_____
_____
_____
_____
_____
_____

2. ¿Cuál es el concepto de preparación?

_____
_____
_____
_____

3. Según la respuesta anterior ¿qué es lo que garantiza que una persona pueda obtener éxito en todo lo que emprende?

_____
_____

4. Busque en La Biblia cinco ejemplos de Hombres o Mujeres que se prepararon para cumplir el propósito de Dios.

_____
_____
_____
_____
_____

5. ¿Cuáles son las áreas en las que debemos estar preparados?

_____
_____
_____
_____
_____
_____

6. Según Efesios 4:22-24 ¿Qué implica la preparación espiritual?

_____

_____

_____

_____

_____

7. Explique con sus propias palabras qué implica la preparación en el área intelectual.

_____

_____

_____

_____

_____

_____

_____

8. ¿A qué nos conduce la preparación de Dios en nuestras vidas?

_____

_____

9. De acuerdo a Gálatas 2:20 ¿Cómo adquiero la paz mental?

_____

_____

_____

_____

_____

10. ¿En que áreas de su vida piensa que Dios debe fortalecerle para manejar de una manera adecuada su Célula?

_____

_____

_____

_____

_____

_____

_____

Estructura y desarrollo de una Célula

Hechos 2: 42

Hechos 5:42

FUNDAMENTACION
BÍBLICA
COMPLEMENTARIA

4
LECCION

1ª Pedro 5:10

Salmos 133:1-3

Colosenses 3:16

2ª Timoteo 2:16 y 3:17

Santiago 15:16

1ª Corintios 13:2-3

Juan 15:2

Hebreos 12:14

Romanos 15:20

Filipenses 2:14

TEXTO CLAVE

«Y perseveraban en la
doctrina de los apóstoles, en
la comunión unos con otros, en
el partimiento del pan y en las
oraciones»
Hechos 2:42

PROPÓSITO

Un aspecto clave que determina el éxito de la visión celular es la preparación que cada líder debe tener en las distintas esferas de su vida. Sumada a esta preparación se requiere de una estructura definida que permita el desarrollo de la reunión celular a fin que nada interfiera en el éxito de la misma.

El Señor es un Dios de orden y El nos pide que todo lo hagamos organizadamente: «Pero hágase todo decentemente y con orden» (1ª Corintios 14:40)

También dice la Escritura: «Y todo lo que hacéis, sea de palabra o de hecho, hacedlo todo en el nombre del Señor Jesús...» (Colosenses 3:17); y esto nos lleva a pensar en la necesidad de manejar nuestro compromiso celular alejado de toda improvisación.

Para poder alcanzar los objetivos y aprovechar las ventajas de las células, se hace necesario cuidar ciertos parámetros que también se observaban en la iglesia primitiva.

Esta lección trata precisamente de la estructura y desarrollo de la célula para que usted se convierta en un experto desarrollando su labor como líder de las reuniones. Se habla aquí del aprovechamiento del tiempo disponible, así como de los mandamientos que ayudan a tener una célula exitosa.

1. EL CONCEPTO CELULAR

Recuerde que la célula está constituída por un grupo de personas que se reúnen una vez por semana con el fin de edificarse mutuamente mediante el estudio de la Palabra de Dios y la adoración. Estas reuniones pueden realizarse en casas, en oficinas, o en un recinto donde el grupo pueda sentirse bien y compartir sin interrupciones.

Un aspecto importante en el trabajo celular, es la perseverancia a fin de que el grupo se fortalezca y logre multiplicarse, puesto que la célula debe contribuir, al crecimiento de la iglesia.

La perseverancia debe manifestarse en el estudio de la Palabra, del compañerismo, del compartir las bendiciones recibidas, y la oración. (Hechos 2:42).

La célula es un puente entre las personas y la congregación, en ella se le brinda mayor atención a cada asistente. Se evangeliza, consolida y edifica a cada uno permitiéndole: perfeccionarse y fortalecerse en su relación con Dios y el conocimiento de su Palabra: « ...él mismo os perfeccione, afirme, fortalezca y establezca» (1 Pedro 5:10b).

2. ESTRUCTURA PARA EL DESARROLLO DE CADA REUNION

Primero, considere que el promedio de asistencia a cada célula debe ser de 6 a 12 personas, y que la reunión debe tener una hora de duración. El líder debe llegar con diez o veinte minutos de anticipación para preparar el ambiente en compañía del anfitrión.

El tiempo de la célula puede distribuirse así:

Introducción: (10 minutos)

Durante este tiempo, debe despertarse el interés por la reunión. Intercambiar saludos breves, dar la bienvenida a los nuevos, escuchar un corto testimonio y destacar la bendición de estar reunidos. (Salmos 133: 1-3).

Alabanza y adoración (10 minutos)

Este tiempo debe contribuir a preparar los corazones para el tema que será expuesto en la enseñanza del día. (Colosenses 3:16 b).

Exposición del tema (30 minutos)

El líder debe actuar con seguridad, y demostrar que se ha preparado para manejar, dominar, desarrollar, dirigir el tema, y transmitir el rema de Dios a ese grupo. Debe exponer de una manera sencilla la enseñanza y usar un lenguaje claro que impacte a los asistentes. (2a Timoteo 2:16).

Aplicación (5 minutos)

Durante este tiempo, el líder puede presentar ilustraciones que ayuden a dar un sentido práctico a la enseñanza expuesta, y llevar a cada persona a aplicar lo aprendido en su vida diaria de forma inmediata. (2a Timoteo 3:17).

Actividades finales (5 minutos)

Aproveche el tiempo del cierre, para adorar a Dios con la ofrenda y orar por las necesidades de los asistentes, centrando el interés en los nuevos.
(Santiago 5:16b)

Con esta estructura se logran buenos resultados durante
la reunión celular.

Evite cometer los siguientes errores:

- · Que dirija alguien no autorizado, ministrar liberación o imponer
  manos
- · Que los asistentes tomen la palabra haciendo que el líder
  pierda el control de la reunión.
- · Que se generen discusiones
- · Descuidar al nuevo o a cualquier asistente
- · Emplear más tiempo del acordado (1 hora)
- · Cambiar continuamente el sitio, día y hora de la reunión.

3. MANDAMIENTOS DE LAS CELULAS

A. Ame la visión celular

El amor hacia lo que tenemos y lo que hacemos, rompe cualquier
posibilidad de duda y nos prepara el camino para obtener el éxito.
Si no amamos el trabajo celular, nunca veremos los resultados
que otorga esta visión. (1a Corintios 13: 2-3).

B. No se desvíe de la visión celular

Salir de la visión puede resultar muy fácil, es casi imperceptible,
de ahí la importancia de ser fiel a los principios establecidos y
perseverar en ellos hasta obtener los resultados propuestos.

C. No permita que la célula sea infructuosa

Las células deben cumplir con una función evangelística, es decir,
cada uno de los asistentes debe preocuparse por salir a buscar a
las personas e invitarlas a la reunión a fin de que éstas sean
ganadas para Cristo. (Juan 15: 2).

D. Reúnase una vez por semana

Durante los días previos a la célula, el anfitrión, el líder y los
demás integrantes del grupo, deben dedicarse a visitar a vecinos,
familiares, compañeros y amigos e invitarlos a la misma, con el
propósito de integrarlos y que puedan ser parte de ella.

E. La célula debe ayudar a la restauración familiar

Hay crisis familiar en todo el mundo, y la célula debe estar preparada para atender esta necesidad, en ellas se busca que los hijos restauren la relación con los padres, los padres con los hijos, la mujer con el esposo y el hombre con su esposa.

F. Haga de cada miembro un líder

Cada persona que llega a una célula, sin importar su condición, debe ser visualizada como un líder en potencia, alguien que al lograr su desarrollo espiritual, será un instrumento valioso en las manos de Dios.

G. Vele por la santidad del grupo

Cuando se permite el pecado, se tolera y se consciente, la célula empieza a decaer. Tenemos que ser radicales frente el pecado y no confiar la célula a alguien que lleva una doble vida; porque la garantía del líder es su testimonio, y el testimonio, empieza en su casa. (Hebreos 12:14).

H. No trabajar en fundamento ajeno

Los miembros de cada célula deben ser fieles a su grupo y no estar asistiendo a diferentes reuniones ya que esto puede traerle confusión y afectarle el proceso de formación. Los líderes deben luchar por ganar las almas que formarán parte de su grupo y no invitar a su célula a otros que ya están siendo liderados. (Romanos 15:20).

I. No permita la murmuración dentro de la célula

Cuando una célula se estanca, puede producir en el grupo chisme, murmuración, crítica y queja. No podemos permitir que se hable mal de otro miembro o hermano, del pastor, del líder o de la iglesia. Es necesario ser severos o estrictos con los chismosos dentro de la célula. (Filipenses 2:14).

J. Desarrolle las metas estratégicamente

Tanto el líder como cada uno de los miembros del grupo, deben tener metas definidas de crecimiento, que impliquen esfuerzo de su parte y que requieran el poder sobrenatural de Dios. Estas metas deben ser claras y llevar implícito en ellas el propósito de la multiplicación.

CONCLUSION

La visión celular es garantía de éxito en la labor multiplicadora de la iglesia. Pero, a su vez, el éxito está condicionado al respeto de la estructura para desarrollar las reuniones semana tras semana. Si se respetan los parámetros para la realización de las reuniones del grupo a lo largo de una hora, y se tienen en cuenta los diez mandamientos de las células, sin duda el éxito estará de nuestro lado.

APLICACIÓN

1. Si no había considerado el desarrollo de la reunión semanal en la que está comprometido, de acuerdo a las pautas dadas en esta lección, ha llegado el tiempo de empezar a hacerlo y notará los cambios.

2. Examine los diez mandamientos de las células y note en cuál de ellos se está fallando dentro de la célula a la que pertenece. Reúnase con su líder y brinde sugerencias prácticas para superar las deficiencias.

TAREA

Establecer como meta personal, abrir una célula.

4 Cuestionario de Apoyo

1. ¿Qué nos pide Dios que hagamos según 1ª de Corintios 14:40?

_____
_____
_____
_____

2. ¿Con qué fin se reúnen las personas una vez por semana?

_____
_____
_____
_____

3. Según 1ª Pedro 5:10b ¿Qué hace Dios con las vidas en una Célula?

_____
_____
_____

4. ¿Cuánto debe ser el promedio de asistencia a una célula?

_____
_____

5. Enuncie la estructura de la célula

_____
_____
_____
_____
_____

6. ¿En qué parte de la célula, se debe despertar el interés por la reunión?

_____
_____

7. ¿Qué errores se pueden presentar en el desarrollo de una célula?

_____

_____

8. Nombre y explique tres (3) mandamientos de la célula

_____

_____

_____

_____

_____

_____

_____

_____

_____

_____

_____

9. Lea Hebreos 12:14 y diga ¿qué debemos procurar dentro de nuestra célula?

_____

_____

_____

_____

10. ¿Qué debemos evitar según Filipenses 2:14?

_____

_____

11. Repase los mandamientos de la célula y enumere en cuál o cuáles de ellos esta fallando y qué debe hacer para mejorar.

_____

_____

_____

_____

_____

_____

_____

Hechos 4: 12-16

Hechos 6: 7

Marcos 6:39,40

Hechos 10:24

Éxodo 18:21

Efesios 4: 15,16

Juan 4: 7-15

Juan 4: 25-29

Metodología de una Célula

LECCION

TEXTO CLAVE

«Y en ningún otro hay salvación; porque no hay otro nombre bajo el cielo, dado a los hombres, en que podamos ser salvos»
Hechos 4:12

VISIÓN

PROPÓSITO

Es amplio el alcance de una célula tanto a nivel evangelístico como en la edificación de los creyentes. La proyección de crecimiento de una iglesia se puede lograr de manera rápida y sólida cuando el líder, el anfitrión y todos los participantes se comprometen con la tarea de multiplicarse, y cuando se tiene en cuenta un proceso metodológico que apunte claramente al alcance de objetivos específicos con cada uno de los miembros de la celula.

Los objetivos que mencionamos se refieren al cumplimiento, de las etapas incluidas en la visión como: ganar, retener el fruto, y edificar a los creyentes para que sean enviados.

Mientras la estructura de la célula nos brinda la guía para la realización de la reunión con el máximo aprovechamiento del tiempo, la metodología nos da los parámetros para que los propósitos se cumplan.

A través de esta lección usted aprenderá a manejar un método que ha sido depurado con el paso del tiempo y que ha dado resultados excepcionales en el alcance de metas relacionadas con la visión celular.

1. METODOLOGÍA EFICAZ

La metodología es el conjunto de procedimientos que usamos para alcanzar un resultado. Losprocedimientos deben contribuir a la optimización de los recursos disponibles: humanos, económicos o temporo espaciales.

La visión celular se ha proyectado como una estrategia de uso mundial por los resultados que se obtienen cuando se aplica su metodología, pasos que van desde ganar a una persona para Cristo hasta verla convertida en un verdadero discípulo del Señor con capacidad de reproducirse en otros.

Es una metodología sencilla, pero eficaz, que requiere de atención y entrega. Los discípulos se encargaron de propagar el evangelio teniendo en cuenta la enseñanza y el método de Jesús, y por ello «...crecía la palabra del Señor, y el número de los discípulos se multiplicaba grandemente en Jerusalén; también muchos de los sacerdotes obedecían la fe» (Hechos 6: 7).

2. SUGERENCIAS METODOLÓGICAS

Con claras razones para involucrarse en la visión celular, considere ahora las siguientes sugerencias para cumplir con las etapas del proceso en cada reunión semanal:

A. ¿Cómo ganar?

Existen varios métodos de evangelismo y muy conocidos, lo importante es que usted no pierda de vista que las células se convierten también en una valiosa oportunidad para alcanzar a otros para Cristo.

En Juan capítulo 4, encontramos el relato de Jesús y la samaritana, una estrategia de evangelismo muy práctica, y de la cual se extraen los siguientes pasos para evangelizar:

1. Romper el hielo (Juan 4:7)

Aprovechar la circunstancia del momento, o una conversación

2. Conservar el mensaje a pesar de las objeciones (Juan 4:9)

Por lo general las personas tienen un argumento , para desviar el mensaje. Prepárese haciendo una lista de las objeciones más comunes para rebatirlas a la luz de la Palabra sin entrar en discrepancias.

3. Detecte la necesidad de la persona (Juan 4:10)

Todas las personas tienen una necesidad latente, aunque intenten ocultarla cuando se le comparte el mensaje. Descúbrala y plantee una solución centrada en la persona de Jesucristo.

4. Cree un ambiente de expectativa (Juan 4:10-15)

El objetivo es que usted motive a la persona a que le escuche. Genere una expectativa tocando un tema que se asocie con su necesidad de la persona y vaya conduciendo los comentarios hasta concretar alternativas que interesen al escucha.

5. Hable de Cristo (Juan 4:25-26)

En el proceso evangelístico, Jesucristo es y debe ser siempre el tema principal de conversación,debe presentárse como el único camino de salvación, la única vía para llegar al Padre y para recibir sus bendiciones.

6. Conduzca a la persona a aceptar a Cristo (Juan 4: 27-29)

La victoria se obtiene cuando la persona reconoce su condición pecadora, declara su necesidad de Cristo, y lo invita a entrar a su corazón. La conversación debe conducir a que esta decisión sea tomada, aunque la entrega es voluntaria.

B. ¿Cómo retener el fruto? - Consolidación

Cuando la persona ha aceptado a Cristo, como su Señor y Salvador, nuestra labor, apenas comienza, porque los verdaderos resultados se ven cuando el nuevo creyente reafirma su decisión en la etapa llamada **consolidación**.

En las células la consolidación se concreta:

- Llamando regularmente a los asistentes, especialmente a los nuevos.
- Visitando a las personas en sus casas o sitios de trabajo.
- Preocupándose por las necesidades de los discípulos y orando por ellas
- Motivando a las personas a asistir a la célula y a la iglesia
- Motivando a las personas a asistir a los encuentros y pos-encuentros.

Nota: Motive a sus alumnos para que ingresen a los cursos de consolidación.

C. Cómo edificar

La edificación consiste en alimentar a los asistentes a las células, especialmente al nuevo, con enseñanzas de la Palabra que lo nutran espiritualmente y le ayuden a conocer de mejor forma al Padre, al Hijo, y al Espíritu Santo.

CONCLUSION

La metodología es el conjunto de procedimientos que nos ayudan a alcanzar los objetivos inherentes a la visión celular. La tarea de ganar, retener y edificar las almas, se realiza exitosamente cuando se respetan los parámetros establecidos, comunes a todo ministerio y liderazgo. Sólo cuando nos convencemos de la visión y nos sumergimos en ella, los métodos se hacen eficaces.

APLICACIÓN

1. Establezca un plan de evangelización con sus consiervos o condiscípulos, teniendo en cuenta las pautas descubiertas en el relato de Jesús y la samaritana. Este plan debe incluir los nombres de amigos y familiares no creyentes.

2. Profundice el estudio del proceso de consolidación, consultando el manual diseñado para tal fin.

TAREA

Describa la forma en que ha evolucionado alguna persona que usted haya ganado. (¿cómo lo ganó?), Retenido (¿ cómo lo retuvo?) Edificado (¿cómo lo edificó?) según lo visto en clase

Cuestionario de Apoyo

1. ¿Qué es la Metodología?

_____
_____
_____
_____

2. Lea Marcos 16: 17-18 y con sus propias palabras diga ¿Por qué las células son la mejor estrategia para actuar como Jesús?

_____
_____
_____
_____

3. Según Éxodo 18:21 ¿Cuáles cree , son las características que debería tener un Líder, para manejar la célula?

_____
_____
_____

4. Analice Juan Capítulo 4 y mencione los pasos de la estrategia que Jesús utilizó en este caso.

_____
_____
_____
_____
_____

5. Según lo aprendido en esta lección ¿Cómo retiene el fruto dentro de su Célula?

_____
_____
_____
_____

6. ¿Cómo se concreta la consolidación?

_____
_____
_____

7. ¿En qué consiste la edificación?

_____

_____

_____

_____

8. Según Hebreos 6:1-2 ¿Cuándo se da una buena edificación?

_____

_____

_____

_____

FUNDAMENTACION
BÍBLICA BASICA

Josué 1: 1-9

FUNDAMENTACION
BÍBLICA
COMPLEMENTARIA

1 Corintios 9:24

Juan 12:24

Josué 1: 10-18

Josué 6: 1-20

Juan 6:63

Juan 14: 15-17

Salmos 104:30

Hechos 2: 2-4

Estrategias para el Éxito

LECCION

TEXTO CLAVE

«Mira que te mando que
te esfuerces y seas valiente;
no temas ni desmayes, porque
Jehová tu Dios estará contigo en
dondequiera que vayas»
Josué 1:9

PROPÓSITO

Creemos que no hay una persona en el mundo que no anhele ser exitosa. Nadie ha nacido con el deseo de ser un fracasado. Por consiguiente, nadie se prepara para ello. En medio de los procesos de la vida, el hombre lleva un pensamiento que lo impulsa a estar en buenas condiciones y obtener los mejores resultados en todo lo que emprende.

El deseo de éxito es algo inherente al mismo espíritu del hombre, pero para obtenerlo, se hace necesario actuar de manera estratégica.

La visión celular es, en sí misma, una estrategia que le brinda éxito a la iglesia concretando la multiplicación, pero alrededor de ella, se levantan una serie de procesos y conductas que los líderes deben tener en cuenta para ser victoriosos en su vida personal y ministerial.

La Biblia cuenta la historia de muchos hombres que atendieron al llamado de Dios para cumplir con una tarea específica, y que alcanzaron un éxito extraordinario, porque no actuaron de acuerdo a su propio criterio, sino que siempre escucharon la voz de Dios revelándoles los pasos que debían dar.

Esta lección pretende brindar al líder de célula la convicción que el éxito está destinado para él y que ya Dios ha definido las estrategias que le permitirán conseguirlo dentro del ministerio que le ha sido confiado.

1. ¿QUÉ ES UNA ESTRATEGIA?

Es el conjunto de reglas que se diseñan con el propósito de efectuar bien una acción concreta. La estrategia, permite obtener el mejor rendimiento de cualquier habilidad que pueda poseerdel hombre.

La estrategia conduce a cristalizar el éxito en cualquier empresa.

Por lo general, el término es muy usado en el ámbito militar por cuanto el ejército de una nación debe moverse acertadamente para contrarrestar las fuerzas enemigas. Este concepto se traslada al ámbito espiritual, entendiendo que el creyente debe actuar con la estrategia de Dios para guerrear contra Satanás. (Efesios 6:10-18).

Su diseño consiste, en elaborar planes de trabajo y aprovechar recursos a fin de alcanzar una meta.

2. CÓMO SER UNA PERSONA DE EXITO

Una estrategia, dará resultados en aquella persona que está segura de obtener el éxito. La visión celular está diseñada para hombres y mujeres dispuestos a renovar su mente, visualizar una vida victoriosa, y canalizar todos sus esfuerzos para lograrlo.

«¿No sabéis que los que corren en el estadio, todos a la verdad corren, pero uno solo se lleva el premio? Corred de tal manera que lo obtengáis» (1a Corintios 9:24).

El apóstol Pablo compara la vida cristiana con una carrera atlética en la cual todos debemos luchar para obtener el mejor de los premios. Esto es posible a través de los siguientes pasos:

A. Declare que el éxito es para usted

Dios ha preparado las cosas de tal modo, que el éxito puede ser alcanzado por toda persona. El, en su soberanía absoluta, ha decidido que usted sea exitoso, y para esto debe llenarse de una fe genuina, debe pensar como un conquistador.

Aprópiese del éxito y arriésguese a experimentar con lo desconocido y que puede darle un giro positivo a su vida, diciendo como Pablo: «...olvidando ciertamente lo que queda atrás, y extendiéndome a lo que está delante» (Filipenses 3:13b).

B. Sea perseverante

Insista en un proceso hasta obtener la meta propuesta. Ello implica mantenerse en pie de lucha, superando obstáculos, y desafiando ataques, con la mira puesta en el objetivo. Ser perseverante implica tener que morir, como la semilla, para llevar fruto. «De cierto, de cierto os digo, que si el grano de trigo no cae en la tierra y muere, queda solo; pero si muere, lleva mucho fruto» (Juan 12:24)

La perseverancia os lleva a soportar cualquier prueba, y esperar el tiempo preciso de Dios para ver la bendición. Si no se ve el fruto en un mes, o en dos meses, o en un año, no podemos desmayar teniendo la certeza que la bendición está. Muchos quieren obtener el éxito sin pasar por pruebas, pero lo único que le da a una persona talla de líder es el mantenerse firme en medio de la adversidad.

Sólo el que tiene sueños definidos y nobles, podrá ver su vida en la cumbre del éxito y convertirse en modelo para otros. Si usted tiene un gran sueño, podrá cambiar la historia de una nación entera, como ya lo han hecho hombres decididos que se atrevieron a creerle a Dios.

El sueño implica un compromiso firme, en conocer el pensamiento de Dios y emplear todas las fuerzas y una buena dosis de fe para que éste se cumpla.
«Puestos los ojos en Jesús, el autor y consumador de la fe..» (Hebreos 12: 2).

3. BUSQUE LA ESTRATEGIA DE DIOS

Una persona exitosa, es aquella que está atenta a la voz de Dios para recibir la estrategia de su parte. Josué es un ejemplo claro de cómo se lleva a cabo este proceso. Después de haber sido seleccionado por Dios para reemplazar a Moisés como guía del pueblo de Israel hasta la tierra prometida (Josué 1), se encuentra con un obstáculo un impedimento enorme para alcanzar el éxito en su misión: las murallas de Jericó (Josué 6)

Observe lo que hace:
1. Se detiene a escuchar la voz de Dios   (Josué 6:2)
2. Recuerda la promesa que Dios le hizo   (Josué 6:2)
3. Recibe la estrategia de parte de Dios   (Josué 6:3-5)
4. Organiza al pueblo de acuerdo a la
   instrucción de Dios   (Josué 6:6-11)
5. Ejecuta la estrategia como Dios le indica.   (Josué 6:12-16)

La obtención de la estrategia de parte de Dios, demanda un intenso trabajo de oración y lectura de la Palabra.

«Nunca se apartará de tu boca este libro de la ley, sino que de día y de noche meditarás en él, para que guardes y hagas conforme a lo que en él está escrito; porque entonces harás prosperar tu camino, y todo te saldrá bien» (Josué 1: 8).

Cuando Dios nos asigna una tarea y nos revela la estrategia para desarrollarla, (en este caso la visión en sí misma, las células, los grupos de doce), necesitamos permanecer en comunión con El, y motivar a nuestra gente a que se involucre en el trabajo. (Josué 1:16-17).

CONCLUSIÓN

El éxito va asociado a una estrategia que permite el aprovechamiento máximo de las habilidades humanas y, en la visión celular, viene directamente de parte de Dios como le sucedió a Josué cuando guiaba al pueblo a la tierra prometida.

La estrategia divina lleva el toque del Espíritu Santo, con quien debe mantenerse una relación permanente pues sin ella, el éxito celular nunca será visible.

APLICACIÓN

1. A partir de este momento, usted debe entrar en una nueva dimensión de su vida: la dimensión del éxito, porque éste ha sido diseñado para usted. Renuncie al conformismo y a la mediocridad, empiece a soñar haciendo algo grande para Dios.

2. Identifique algún obstáculo que esté impidiendo su transitar por el camino del éxito y busque una estrategia de Dios para superarlo, actúe de la misma manera como lo hizo Josué.

TAREA

Según lo visto en clase, y siguiendo cada paso, escriba una estrategia que usted quisiera poner en práctica para su Célula.

6 Cuestionario de Apoyo

1. ¿Cuál fue la estrategia que Dios le reveló a Josué?
Según Josué 1: 1-9

_____
_____
_____
_____

2. Según lo visto en la lección ¿Qué es una estrategia?

_____
_____
_____

3. ¿A qué conduce una estrategia?

_____
_____
_____

4. ¿En qué consiste el diseño de una estrategia?

_____
_____
_____
_____
_____

5. ¿Cómo podemos llegar a ser personas de éxito?

_____
_____
_____
_____

6. Lea detenidamente Josué capítulo 6 y responda:
¿Cómo se busca una estrategia de Dios?

_____
_____
_____
_____

7. ¿Cómo actúa el Espíritu Santo dentro de una estrategia?

_____

_____

_____

_____

8. Según Juan 6:63 ¿Qué hace el Espíritu Santo en nuestras vidas?

_____

_____

9. ¿Por qué no debemos ignorar al Espíritu Santo?

_____

_____

_____

_____

_____

10. Lea Hechos 2:2-4 y con sus propias palabras haga una breve comparación de la influencia del Espíritu Santo en la Iglesia primitiva y en nuestros días.

_____

_____

_____

_____

_____

_____

_____

_____

11. ¿Qué estrategia personal Dios ha revelado a su vida?

_____

_____

_____

_____

_____

_____

_____

_____

Motivación para el Crecimiento Celular

7

LECCION

TEXTO CLAVE

«Entonces les declaré
cómo la mano de mi Dios había
sido buena sobre mí, y asimismo
las palabras que el rey me había
dicho. Y dijeron: Levantémonos y
edifiquemos. Así esforzaron sus
manos para bien»
Nehemías 2:18

VISIÓN

PROPÓSITO

Uno de los secretos para lograr nuestras metas; en el plano personal, espiritual o ministerial, radica en contar con una motivación constante para realizar el trabajo.

La motivación, proveniente de Dios, nuestras autoridades, familiares, amigos y consiervos, representa el aliento que nos impulsa a seguir esforzándonos hasta alcanzar los objetivos propuestos.

A lo largo de la historia bíblica, descubrimos la manera como Dios estuvo animando a sus escogidos para emprender importantes acciones, y cómo éstos líderes se dedicaron a transmitir la misma motivación al pueblo, Josué y Nehemías son dos grandes ejemplos.

Lograr la multiplicación numérica y el fortalecimiento espiritual de la membresía, depende del grado de motivación que el líder conserve para sí mismo y para los demás.

La presente lección, trata acerca de la motivación como factor determinante para el éxito. Descubre las ventajas de una motivación genuina tomando el ejemplo de Nehemías, y enfatiza acerca de la importancia de poseer la actitud correcta como líderes para lograr los objetivos.

1. ¿QUÉ ES MOTIVACION?

Es el conjunto de factores, conscientes inconscientes, que determinan un acto o conducta. Es todo aquello que impulsa a un individuo a moverse y trabajar para alcanzar un fin.

La motivación es interna cuando los impulsos provienen de la misma persona y se relacionan con los anhelos personales para alcanzar algo; y externa cuando los impulsos provienen de segundas o terceras personas, como ser nuestros padres, amigos, maestros, líderes, etc., quienes procuran impartir ánimo para que realicemos una acción determinada.

En el desarrollo del trabajo celular, la motivación entre líderes, discípulos y consiervos es fundamental: «Por lo cual, animaos unos a otros, y edificaos unos a otros, así como lo hacéis» (1a Tesalonicenses 5:11).

2. LA MOTIVACIÓN Y LA ACTITUD CORRECTA DEL LIDER

Sólo podremos motivar a otros, si asumimos la actitud correcta frente a las distintas circunstancias que se nos presentan día a día. El líder que está preparado para enfrentar la adversidad, es aquel que tiene la capacidad de impulsar a otros a seguir adelante en el trabajo celular.

El hombre que posee la actitud correcta, sabe hacia dónde va y mantiene ánimo de triunfador, sabiendo que el optimismo transforma las circunstancias.

La motivación y la actitud correcta del líder se descubren en las siguientes situaciones:

A. Frente a la adversidad

La tendencia del común de las personas es desalentarse ante una situación adversa, que llega, cuando menos la esperamos.
En tiempos de adversidad se debe tener cuidado de muchos que llegan, a consolarnos, pero que expresan palabras de desaliento.
Una actitud correcta frente a la adversidad es la que asumió Job, quien lo perdió todo de un momento a otro. (Job 13:15).

B. Frente al negativismo

Todo triunfador tiene que aprender a moverse no por las circunstancias, sino por lo que Dios ha dicho en su Palabra.
El negativismo actúa como una flecha cargada de veneno produciendo inseguridad. Todo líder con actitud de triunfo, conoce el poder que existe en las palabras.

El ejemplo de Josué y Caleb, cuando diez de los espías que inspeccionaron la tierra prometida daban un informe negativo, es bastante inspirador en este caso. (Números 14: 8-9). Sólo los que actuaron con el espíritu de fe conquistaron la tierra prometida.

C. Frente al temor

Este es uno de los enemigos más poderosos que tiene que enfrentar las personas que anhelan el triunfo. Quien se deja controlar por el temor, se abstendrá de dar pasos fundamentales para llegar al éxito.

El temor aparece como una de las más determinantes causas de fracaso, y su misión específica es hacer que las personas se desvíen del propósito para el cual Dios las envió al mundo. (Proverbios 29:25).

D. Frente al estrés

El estrés viene por exceso de trabajo, sin dar al cuerpo el descanso que requiere. También es causado por falta de una visión clara de lo que se quiere en la vida, y forjarse el camino hacia la frustración. La actitud correcta para evitarlo, consiste en que cada líder se proyecte estratégicamente sin confundir ocupación con productividad. Metas claras y una mente sana saturada de la Palabra de Dios, ayudan a superar esta situación. (Colosenses 3:16).

3. NEHEMÍAS: GRAN EJEMPLO COMO MOTIVADOR

Nehemías, ilustra la manera como un líder obtiene una sana motivación y tiene la capacidad de motivar a otros para realizar la obra de Dios. Los cuatro primeros capítulos de su libro son desafiantes, nos enseñan las estrategias que él usó para animar a su pueblo, desafiar a los enemigos, y lograr el objetivo de reconstruir los muros de Jerusalén.

Aunque los ataques de los adversarios se mantuvieron durante la ejecución de la tarea, Nehemías siempre mantuvo la actitud correcta para que su pueblo no se desanimara.

Lo que él hizo frente a la situación de adversidad en que se encontraba su gente a raíz de la destrucción de la ciudad, se resume en los siguientes pasos:

A. Detectar la situación anómala y establecer una solución

Estando cautivo en una tierra extranjera, Nehemías se entera de que el remanente de su pueblo está en gran mal y afrenta, y el muro de Jerusalén derribado. (Nehemías 1: 3).

Al descubrir este problema decide que la solución está en pedir permiso y buscar recursos para la reconstrucción, así que motiva al pueblo a llevarla a cabo: «Vosotros veis el mal en que estamos, que Jerusalén está desierta , y sus puertas consumidas por el fuego; venid y edifiquemos el muro de Jerusalén, y no estemos más en oprobio» (Nehemías 2:17).

B. Involucrar a todo el equipo en la tarea

Las ventajas de la visión celular es que el trabajo se desarrolla en equipo, y se rompe el esquema de la iglesia tradicional en la que todas las responsabilidades y compromisos recaen exclusivamente en el pastor principal.

En esta visión, todos desempeñan un papel importante, se convierten en factores claves para dar solución a cualquier problema: «...Y dijeron: Levantémonos y edifiquemos. Así esforzaron sus manos para bien» (Nehemías 2:18b).

C. Visualizar las bendiciones futuras como agente motivador

Cuando tenemos metas claras, éstas se convierten en el factor que nos impulsa a luchar por encima de las circunstancias, sabiendo que la compensación que viene de Dios es maravillosa. Nehemías le dijo a su gente: «... y no estemos más en oprobio... El Dios de los cielos, él nos prosperará» (Nehemías 2:17 y 20).

D. Realizar un trabajo esforzado y organizado

El líder debe estar preparado para la labor que va a realizar. Cuando la gente de Nehemías se animó a reconstruir, su líder ya tenía listo un plan de trabajo que les permitió levantar nuevamente el muro en sólo 52 días. (Nehemías 3:1-32).

E. Recordar en todo momento la palabra Rhema de parte de Dios

Para que su propósito se cumpla, el Señor da a cada persona una palabra específica para su vida. Igualmente la da para el ministerio y para la iglesia en general.

Esta palabra Rhema es un elemento que motiva al líder y a sus discípulos a no bajar la guardia en el desarrollo de la visión celular. (Nehemías 2: 18).

CONCLUSION

Los grandes resultados de multiplicación a través del desarrollo de la visión celular, se dan gracias a una motivación continua de parte del líder y de todos los involucrados en la tarea. La motivación es lo que nos impulsa a esforzarnos por encima de las circunstancias. Nos lleva a asumir la actitud correcta, de acuerdo al propósito de Dios, como lo hizo Nehemías con su pueblo para construir los muros de Jerusalén.

APLICACIÓN

1. Analice las áreas en que una persona debe asumir actitudes correctas para ser un triunfador.
   Examine sus propias actitudes y dispóngase a transformar aquellas que se salen de su control.

2. Proponga en su corazón convertirse en excelente motivador de su familia, de su grupo de trabajo. Distíngase por ser una persona que actúa siempre guiada por el espíritu de fe.

TAREA

Escriba las razones por las cuales usted se ha desmotivado y cómo ha logrado motivarse nuevamente.

Cuestionario de Apoyo

1. Describa con sus propias palabras lo que para usted significa MOTIVACIÓN

_____
_____
_____
_____
_____

2. ¿Por qué contar con una motivación constante es un factor determinante para lograr nuestras metas?

_____
_____
_____
_____

3. Investigue en La Biblia tres ejemplos de personajes que motivaron a sus equipos para alcanzar sus objetivos.

_____
_____

4. Explique en qué consiste la Motivación Interna y La Motivación Externa

_____
_____
_____

5. ¿Quién es el responsable de asumir la actitud correcta frente a la motivación? ¿Por qué?

_____
_____
_____
_____

6. ¿Cree que dentro de su motivación hay alguna actitud incorrecta? ¿Qué haría para corregirla?

_____
_____
_____
_____

7. Según Job 13:15 ¿Cómo asumió Job la adversidad?

_____

_____

_____

_____

8. Lea los primeros 4 capítulos de Nehemías y mencione algunas de las estrategias que él utilizó para llegar a la meta

_____

_____

_____

_____

_____

9. ¿Cuáles cree son las ventajas de involucrar a todo el equipo en la estrategia?

_____

_____

_____

_____

10. Defina cómo se realizaría un trabajo esforzado y organizado

_____

_____

_____

11. Según Nehemías 2:18 ¿Por qué el pueblo esforzó sus manos para trabajar?

_____

_____

12. Uno de los pasos que utilizó Nehemías para emprender su labor fue una palabra Rhema de parte de Dios. ¿Cuál ha sido la palabra Rhema de Dios para su vida y la estrategia que El le reveló?

_____

_____

_____

_____

_____

_____

Santiago 1: 2-7

FUNDAMENTACION
BÍBLICA
COMPLEMENTARIA

Josué capítulo 7

Mateo 8: 23-27

Filipenses 4: 13

1ª Pedro 1:7

Lucas 22: 28

Romanos 5:4

Cómo solucionar problemas en las Células

8
LECCION

TEXTO CLAVE

«Y si alguno de vosotros tiene falta de sabiduría, pídala a Dios, el cual da a todos abundantemente y sin reproche, y le será dada. Pero pida con fe, no dudando nada; porque el que duda es semejante a la onda del mar, que es arrastrada por el viento y echada de una parte a otra»
Santiago 1:5,6

PROPÓSITO

A lo largo de la historia del cristianismo se ha hablado de hombres dispuestos a realizar la obra que Dios les había encomendado. Pero también debemos recordar que esos hombres han debido enfrentar diversos tipos de problemas y dificultades que se interpusieron en el camino y que el enemigo utiliza como estrategias para hacerles decaer. Gracias a la tenacidad de todos ellos, a su compromiso con Dios y su mover constante en la dimensión de la fe, han salido adelante.

La visión celular no tiene problemas en sí misma porque Dios nos la ha entregado, con todas las condiciones necesarias para ser implementada con éxito. Sin embargo, alrededor de ella se pueden levantar situaciones que afectan profundamente su labor, e impedir el logro de los objetivos propuestos.

Todos debemos estar preparados, para detectar esos problemas y establecer a tiempo la solución. Si nos atrevemos a desafiar todos los ataques contra la visión, nos disponemos a hacer parte de la solución, y no del problema, obtendremos la victoria y escucharemos la voz de Jesús diciéndonos: «Pero vosotros sois los que habéis permanecido conmigo en mis pruebas. Yo, pues, os asigno un reino, como mi Padre me lo asignó a mí» (Lucas 22: 28,29) .

Conozca a través de esta lección, cuáles son los problemas más comunes que pueden afectar el trabajo celular, y cuál es la actitud que ha de asumirse ante ellos.

1. PROBLEMAS QUE PUEDEN AFECTAR LA CÉLULA

Tenga en cuenta que una célula está integrada por personas y que, por lo tanto, una situación anómala de cualquiera de ellos, puede afectar a todo el grupo.

Los problemas pueden surgir en las células, cuando no se cumplen adecuadamente los parámetros establecidos para su desarrollo, especialmente, cuando se quebrantan los diez mandamientos de las células, trayendo como consecuencia estancamiento personal y ministerial.

En síntesis, podemos enunciar los siguientes problemas como los más comunes:

· Falta de compromiso
· Monotonía en la realización de las reuniones
· Enfriamiento espiritual
· Pecado oculto
· Manifestaciones demoníacas
· Falta de visión y de proyección
· Murmuración

2. INFLUENCIA DEL CARÁCTER FRENTE A LOS PROBLEMAS

Cuando el carácter en una persona se debilita, sus éxitos carecen de sentido, puesto que ejerce una influencia trascendental en el liderazgo que esté desarrollando.

Todo aquel que esté lleno de Dios en su vida, lo reflejará en su carácter, dará testimonio de que cuenta con el fruto del Espíritu Santo: «Mas el fruto del Espíritu es amor, gozo, paz, paciencia, benignidad, bondad, fe, mansedumbre, templanza; contra tales cosas no hay ley» (Gálatas 5: 22,23).

Este fruto, es el que da la sabiduría necesaria para enfrentar los problemas y solucionarlos de acuerdo a la dirección divina. Las pruebas y situaciones difíciles fortalecen el carácter en cada persona, quitando la confianza en sí mismos para depositarla plenamente en Dios.

Los líderes de células pueden alcanzar una posición óptima frente a las situaciones adversas considerando que:

A. Dios moldea nuestro carácter

Un liderazgo sin carácter es tan peligroso como un arma en las manos de un niño. Dios tiene que trabajar profundamente moldeándonos para poder cumplir con la misión destinada para nosotros. Moisés es un ejemplo claro del líder cuyo carácter fue moldeado por Dios, quien lo llevó a pasar 40 años en el desierto para la obra que tenía que ejecutar. (Números 12: 3).

B. Se requiere un trabajo intenso en cada persona

El verdadero liderazgo requiere de esfuerzo y paciencia a fin ver el fruto anhelado; si no nos desalentamos, los resultados serán extraordinarios. David trabajó con personas que necesitaban mucha fortaleza de carácter, pero de ellos obtuvo el mejor ejército. (1a Samuel 22:1-2).

C. Hay una relación entre el dominio propio y la toma de decisiones

La fortaleza o la debilidad de carácter dependen del dominio propio de cada persona, entendiéndolo como la habilidad y capacidad para controlar las emociones con un sentido positivo.
Es la cualidad del carácter la que ayuda a tomar decisiones correctas ante cualquier situación personal o ministerial (2 timoteo 1:7).

D. Luchar por una meta: la perfección

Un líder, en los tiempos actuales, debe estar dispuesto a que su carácter sea moldeado teniendo como meta la perfección. Dios no espera una aproximación a la perfección, espera la perfección completa; lo que equivale a la madurez espiritual plena. (Mateo 5:48).

4. PARAMETROS PARA RESOLVER LOS PROBLEMAS

En Josué capítulo 7 se encuentra el relato del pecado de Acán; que propició la ira de Dios contra el pueblo de Israel. La conducta de Josué ante la situación de conflicto generada, ilustra los pasos que ayudan a resolver los problemas:

A. Intercesión

Evite caer en el error de actuar en sus fuerzas o confiar en su propia capacidad. La búsqueda de la orientación divina para que El nos revele sus estrategias es un reflejo de madurez espiritual. (Josué 7: 6-9).

B. Revelación

Siempre que buscamos genuinamente la dirección de Dios, Él nos revela algo específico acerca del problema y nos indica el procedimiento acertado para su solución. (Josué 7: 13-15).

C. Obediencia

De nada sirve tener la seguridad que Dios nos ha hablado, si no estamos dispuestos a cumplir con lo que El nos indica.

Lo que ayudó a Josué y al pueblo de Israel a superar su situación de conflicto, fue la seguridad de actuar de acuerdo a las instrucciones divinas. (Josué 7: 16-18).

D. Consultar a los líderes

El Señor nos ha colocado bajo autoridad. Respetarla, contribuye a brindar una solución sabia a nuestros problemas y los que se presenten dentro de las células. El líder, por su testimonio, logrará ganar la confianza de sus discípulos para que ellos le confíen las situaciones en que están o han estado involucrados. (Josué 7: 19-2).

CONCLUSIÓN

Existen problemas que tienden a ser comunes dentro de las células, y ante los cuales el líder y los participantes deben actuar con prudencia y sabiduría. Si son manejados de acuerdo a los parámetros divinos, ayudarán a alcanzar madurez en el desarrollo de la visión celular.

APLICACIÓN

1. Haga un cuadro comparativo de la manera como acostumbraba a enfrentar situaciones difíciles antes de estudiar la presente lección, y coloque al frente una sugerencia de cómo lo haría ahora que conoce los parámetros adecuados.

2. Observe el desarrollo de su reunión semanal detecte si hay algo fuera de orden; aporte a la solución actuando como lo hizo Josué.

TAREA

Detecte que situación de conflicto existe en su vida personal y ministerial, y establezca de acuerdo a su vivencia, un plan de acción que le conduzca a una solución.

Cuestionario de Apoyo

8

1. ¿Qué problemas ha tenido que enfrentar dentro de su célula?

_____
_____
_____
_____

2. ¿Cómo ha solucionado dichos problemas?

_____
_____
_____
_____

3. Según lo visto en la lección ¿por qué se presentan problemas dentro de la célula?

_____
_____
_____
_____

4. Según Gálatas 5:22-23 ¿Cuál es el fruto del Espíritu Santo?

_____
_____
_____
_____

5. Nombre dos aspectos con los cuales se llega a una posición óptima frente a los problemas.

_____
_____
_____
_____

6. Según 1ª Samuel 22:1-2 ¿Qué hizo David con cada persona?

_____
_____
_____
_____

7. Lea detenidamente Josué 7, enuncie los parámetros que Josué tuvo en cuenta para resolver los problemas

_____

_____

_____

_____

_____

_____

_____

_____

8. De acuerdo al punto anterior ¿Ha tenido en cuenta estos parámetros dentro de su célula?

_____

_____

_____

_____

9. ¿Cuáles cree que han sido sus fallas?

_____

_____

_____

_____

10. ¿Cómo puede solucionar dichas fallas?

_____

_____

_____

2ª Timoteo 1- 7

Lucas 6: 12-16

Cómo escoger un Equipo de Líderes

FUNDAMENTACION
BÍBLICA
COMPLEMENTARIA

Mateo 16: 17,18

Marcos 1: 16-18

Juan 1: 35-42

Juan 20: 21-22

1ª Corintios 12:11-12

Mateo 20: 28

Jeremías 18: 6

Job 10:9

Lucas 2: 28

TEXTO CLAVE

«Lo que has oído de mí ante muchos testigos, esto encarga a hombres fieles que sean idóneos para enseñar también a otros»
2ª Timoteo 2:2

VISIÓN

PROPÓSITO

La implementación de la visión celular demanda contar con un liderazgo bien preparado. La visión rompe el esquema tradicional de liderazgo centrado en una sola persona, y brinda la oportunidad a todo aquel que haya pasado por un proceso de restauración y capacitación, la oportunidad de ser parte de un equipo de trabajo.

El Señor Jesucristo nos dio el mejor ejemplo de trabajo en equipo al conformar un grupo de doce hombres a quienes preparó, imprimiendo su carácter en ellos, a fin de que fueran sus colaboradores durante su ministerio en la tierra. Si Él, siendo el Hijo de Dios, le brindó tanta importancia al trabajo en equipo, ¿por qué no habríamos de hacerlo nosotros?

A Jesús le tomó tres años y medio formar doce hombres, ahondando en sus vidas para moldear su carácter a fin de que se convirtieran en idóneos para continuar con la visión que Dios le había dado: la salvación del mundo.

Actualmente destacamos la importancia del trabajo en equipo tal como lo hizo Jesús, al aplicar la estrategia del modelo de los doce para el alcance y desarrollo de la visión. Esta lección le brinda algunas sugerencias para la conformación de un buen equipo de trabajo.

1. IMPORTANCIA DEL TRABAJO EN EQUIPO

El trabajo en equipo es imprescindible, especialmente al interior de la iglesia, porque facilita el crecimiento, y hace que sea continuo y sólido. También permite la diversidad de funciones en un mismo cuerpo, todas dirigidas al logro de un objetivo común.

«Pero todas estas cosas las hace uno y el mismo Espíritu, repartiendo a cada uno en particular como él quiere. Porque así como el cuerpo es uno, y tiene muchos miembros, pero todos los miembros del cuerpo, siendo muchos, son un solo cuerpo, así también Cristo» (1a Corintios 12: 11,12).

Cuando se trabaja en equipo:

· El esfuerzo es compartido
· Garantiza la continuidad de la obra
· El trabajo no se detiene
· La motivación persevera, pues unos a otros se animan
· La multiplicación es más rápida
· Se valora los dones y talentos de cada persona.

2. EL TRABAJO EN EQUIPO VALORA A CADA PERSONA

A lo largo de su vida ministerial, el Señor Jesús tuvo en cuenta cada persona, no por lo que aparentaba sino por el potencial que sabía que existía en ella. Al escoger a sus doce, implantó en ellos su carácter y les dió autoridad espiritual para que realizaran el trabajo evangelístico en las diferentes naciones de la tierra (Juan 20: 21,22)

Hoy podemos hacer lo mismo que hizo Jesús a través de los doce construyendo un edificio con piedras humanas. La iglesia de Cristo no es un edificio construido con ladrillos y adornada con alfombras, sino que está conformada por personas de todas las culturas, razas y clases sociales. Son personas las que conforman la iglesia. Nuestra labor consiste en ganarlas y trabajar cuidadosamente en ellas tal como lo hizo Jesús con sus discípulos. (Mateo 16:17-18; 1a Pedro 2:5).

Cada persona es un líder

Al conformar un equipo, considere siempre que la clave del éxito radica en que cada persona que nos rodea se convierta en un líder con capacidad de orientar a otros. Jesús escogió a doce personas en las que vio un gran potencial de liderazgo (Lucas 6: 12-16; 2a Timoteo 2: 2).

El secreto está en los doce

El modelo de los doce ha estado siempre en el corazón de Dios, y su número simboliza gobierno y autoridad. Jesús no escogió ni a once ni a trece personas, seleccionó a doce que se encargaron de seguir propagando su visión por el mundo. Con equipos de doce personas entramos a restaurar el altar de Dios en el mundo.

Hay algo sobrenatural en los grupos de doce (Mateo10:1). Y como principio, esta estrategia se define como: «Un revolucionario modelo de liderazgo que consiste en que la cabeza de un ministerio selecciona a doce personas para reproducir su carácter y autoridad en ellos a fin de desarrollar la visión de la iglesia, lo que facilita la multiplicación. Estas doce personas seleccionan, a su vez, a otras doce, y éstas a otras doce, para hacer con ellas lo mismo que el líder ha hecho en sus vidas»

3. GUÍA PARA ESCOGER EL EQUIPO

En términos generales, debemos actuar de la misma manera que Jesús lo hizo:

A. Gánelos en oración

El Señor permaneció toda una noche orando por aquellos que habrían de formar parte de su equipo, y al día siguiente se dedicó a escogerlos.
Nosotros también debemos conquistar primero al equipo en el ámbito espiritual para después verlo en el plano natural. (Lucas 6:12).

B. Seleccione hombres fieles

La fidelidad es una cualidad que distingue a los miembros de nuestro equipo, para poderles confiar la visión que hemos recibido de parte de Dios. Pablo le dijo a Timoteo que debía encargarle la labor a personas idóneas, insinuándole la importancia de la fidelidad. Jesús cuidó esta parte en la selección de su equipo (Marcos 1: 16-20).

C. Escoja personas anhelantes de servir al Señor

La disposición de servicio es otra de las cualidades que deben destacarse en quien forme parte de un equipo de doce.

Los discípulos de Jesús siempre estuvieron dispuestos a servirle en todo, motivados por el amor a Dios, y por el mismo ejemplo del Maestro. (Juan 1: 35-42; Mateo 20: 28).

D. Seleccione hombres moldeables

La visión sólo puede ser desarrollada por hombres y mujeres dispuestos a entrar en un proceso de transformación de su carácter, su manera de pensar en todas las áreas de su vida, con el fin de hacerles vasos útiles en el ministerio. Cada quien debe verse como barro en las manos de Dios para que El le moldee de acuerdo a su propósito. (Jeremías 18:6b; Job 10:9)

E. Escoja personas que puedan ser probadas

Los grandes líderes se distinguen en medio de la prueba y la adversidad, y son preparados y fortalecidos en el fuego que éstas producen. A través de este tipo de situaciones se logra conocer el corazón de los discípulos. Es en los momentos de prueba donde sale a flote la fidelidad o lo contrario. (Lucas 22: 28).

CONCLUSIÓN

La visión tiene el éxito garantizado, por la oportunidad que ella misma brinda al trabajo en equipo, puesto que quebranta las limitaciones del sistema tradicional, en el que todas las funciones y responsabilidades están centradas en una sola persona.

Jesús nos dio el mejor ejemplo de liderazgo y de trabajo en equipo al seleccionar a doce hombres sobre los cuales implantó su carácter, y dedicar el tiempo necesario para formarlos y otorrgarles autoridad para difundir su visión en el mundo.

APLICACIÓN

1. Si hasta el momento no forma parte de un equipo de 12, preocúpese por reunir los méritos necesarios para que sea tenido en cuenta y convertirse en un portador y difusor de la visión, en todo el sentido de la palabra.

2. Si ya hace parte de un equipo, empiece a ganar almas con dedicación y a formar cada persona de la misma manera que lo hizo Jesús, para conformar su propio equipo de doce.

TAREA

Lea y estudie 1 Crónicas 12, destacando las características que tenía el equipo de David.

9 Cuestionario de Apoyo

1. ¿Qué hizo Jesús en Lucas 6: 12-16?

_____
_____
_____
_____

2. ¿Cuál cree es la importancia de un Equipo de líderes?

_____
_____
_____
_____

3. Según su opinión ¿Qué hubiera sido del Ministerio de Jesús si él no hubiera escogido a 12?

_____
_____
_____
_____

4. Lea 1ª Corintios 12:11-12 y de acuerdo al versículo diga: ¿Cuál es la importancia del trabajo en Equipo?

_____
_____
_____
_____

5. Nombre 2 características de lo que hace el trabajo en equipo

_____
_____
_____
_____

6. ¿Qué hizo Jesús antes de escoger a sus doce discípulos?

_____
_____
_____
_____

7. Mencione y explique tres parámetros que debemos tener en cuenta para escoger un Equipo?

_____
_____
_____
_____

8. De los parámetros antes mencionados ¿Cree que le falta alguno por desarrollar en su vida como discípulo?

_____
_____
_____
_____

9. Lea Jeremías 18:6b ¿Ha sido hasta el día de hoy una persona que ha dejado moldear su carácter por Dios?

_____
_____
_____
_____

10. ¿Cree que hay cosas que le faltan? ¿Cuáles? ¿Por qué?

_____
_____
_____
_____
_____
_____

11. Según su opinión ¿Cree que las pruebas en nuestras vidas tienen alguna importancia?

_____
_____
_____
_____
_____
_____

Juan 17: 6-26

Relación entre el líder y sus discípulos

LECCION

Juan 17:21-23

Juan 15:5

Filipenses 3:8,15-16

1 Corintios 9:19

1 Corintios 3:6

Mateo 11:30

Hechos 5:14, 5:16;

2 Corintios 11: 5-6

TEXTO CLAVE

« Cuando estaba con
ellos en el mundo, yo los
guardaba en tu nombre; a los
que me diste, yo los guarde, y
ninguno de ellos se perdió, sino
el hijo de perdición, para que la
Escritura se cumpliese «
Juan 17:12

VISIÓN

PROPÓSITO

La visión celular y el modelo de los doce se basan en un proceso de relaciones, entre el líder y sus discípulos. El principio lo dejó establecido el Señor Jesucristo mediante su ejemplo con los doce apóstoles.

Desde el mismo instante en que los seleccionó, se preocupó por permanecer con ellos mucho tiempo, con el propósito de conocerlos y formarlos, y que lo conocieran plenamente.

El éxito del ministerio de Jesús radicó en la disposición que tuvo para mantenerse en contacto permanente con el Padre a través de la oración, y también en el sostenimiento de una relación de amistad y compañerismo incondicional con sus discípulos. Por esta razón ellos pudieron beber del Espíritu que moraba en El y contar con la autoridad suficiente para continuar con la visión. Entre el Señor y sus discípulos hubo el mismo sentir, esta unidad fue testimonio para el mundo. (Juan 17: 21-23)

El mismo espíritu de unidad que reinó entre Jesús y sus discípulos, es el que debe caracterizar a líderes, discípulos y consiervos hoy en día. El tema de esta lección le brindará algunas pautas para lograrlo.

1. IMPORTANCIA DE LA UNIDAD

La unidad de pensamientos, sentimientos, y compromiso, es la característica que refleja la solidez de un equipo. La victoria en un equipo de fútbol está fundamentada en la cohesión de criterios y acciones entre todos los jugadores y su técnico a la hora de enfrentar al onceno contrario. Jesús dijo: «Yo soy la vid, vosotros los pámpanos; el que permanece en mí, y yo en él, éste lleva mucho fruto; porque separados de mí nada podéis hacer» (Juan 15: 5).

De igual manera, en la visión celular, los discípulos no pueden hacer nada si no están en contacto con su líder, ni el líder podrá alcanzar las metas propuestas, si no cuenta con el apoyo de su equipo.

Estar en unidad y en el mismo sentir, es reflejo de madurez espiritual. (Filipenses 3: 15,16).

2. FORJAR A LOS MEJORES: UNA RESPONSABILIDAD DEL LIDER

El líder debe mantener una excelente relación con sus discípulos valorándoles como personas y atendiendo a sus necesidades. Esto los motivará a crecer. Los siguientes factores son importantes para alcanzar este propósito:

· Enséñeles a crecer

Los discípulos crecen en gracia, conocimiento, y autoridad espiritual a través de un proceso de enseñanza impartido por el líder, quien debe instruir a los miembros del grupo de la misma manera que un padre instruye a sus hijos. Debe contar con una motivación permanente para el crecimiento, siendo él mismo, ejemplo.

«Y ciertamente, aun estimo todas las cosas como pérdida por la excelencia del conocimiento de Cristo Jesús, mi Señor, por amor del cual lo he perdido todo, y lo tengo por basura, para ganar a Cristo» (Filipenses 3:8).

· Forme líderes ejemplares

Los líderes y discípulos brillantes son los que forman iglesias brillantes. Las personas llegan a la iglesia en "obra negra", y el líder tiene el compromiso y desafío de moldearlos y pulirlos para ser instrumento en las manos de Dios.

Pablo se preocupó por este aspecto al cambiar de posición a fin de lograr la transformación de las personas. «Por lo cual, siendo libre de todos, me he hecho siervo de todos para ganar a mayor número» (1 Corintios 9:19).

El líder tiene que estar dispuesto a servirle a sus discípulos, quien no esté dispuesto a servir, no puede ser servido.

· Guíe al éxito

Es el líder el que da la dirección a los discípulos para que tomen conciencia que el éxito no está destinado para unos cuantos, sino que hay que luchar para alcanzarlo.

Llevar al equipo de discípulos al éxito consiste en guiarlos a ganar a otros a través de un trabajo de cooperación, evitando celos y competencia. Pablo enseña que unos predican y otros cosechan, pero el crecimiento lo da Dios. «Yo planté, Apolos regó, pero el crecimiento lo ha dado Dios» (1a Corintios 3:6).

· Enseñe disciplinas espirituales

La mayor dimensión de crecimiento en un grupo, se da en el plano espiritual de modo que el líder tiene que crecer en tal sentido, aprendiendo disciplinas que luego habrá de enseñar a quienes le rodean.

Las disciplinas de Dios no son gravosas, porque no producen esclavitud, sino libertad plena. «Porque mi yugo es fácil, y ligera mi carga» (Mateo 11: 30).

· Cree un ambiente que atraiga a otros

El ambiente en el que un líder se desenvuelve con sus discípulos, debe estar cargado de motivación suficiente para que otros se involucren en el liderazgo. El líder y su grupo debe contar con recursos y estrategias que faciliten sus proyecciones personales y ministeriales. «Y los que creían en el Señor aumentaban más, gran número así de hombres como de mujeres» (Hechos 5:14).
ç

· Desafíelos con un gran modelo de crecimiento

La visión celular y el modelo de los doce no admite los esquemas del conformismo. El líder debe relacionarse con sus discípulos a través de grandes desafíos, metas ambiciosas que permitan aprovechar el inmenso potencial de cada personas. El nivel más alto de liderazgo es el que se mueve con gran autoridad espiritual: «Y aun de las ciudades vecinas muchos venían a Jerusalén, trayendo enfermos y atormentados de espíritus inmundos; y todos eran sanados» (Hechos 5.16).

Un alto nivel de liderazgo se caracteriza por el dominio de la visión. No hay liderazgo sin visión, como tampoco hay visión sin liderazgo. El apóstol Pablo llegó a dominar plenamente la visión de Jesús.

«...y pienso que en nada he sido inferior a aquellos grandes apóstoles. Pues aunque sea tosco en la palabra, no lo soy en el conocimiento; en todo y por todo os lo hemos demostrado» (2a Corintios 11: 5-6).

Los discípulos deben saber también que un alto liderazgo es el que puede reproducirse en otros.
La visión en que usted está involucrado, tiene una unción de multiplicación definida.

CONCLUSION

La visión celular y de los doce, está fundamentada en un proceso de relaciones entre líderes y discípulos. El líder de éxito en el modelo de los doce, es el que puede mostrar un fruto sólido, representado en los que han crecido a partir de su ejemplo, su testimonio, y sus enseñanzas.

APLICACIÓN

Examine en qué nivel de relación se encuentra usted con su líder y con sus discípulos, de acuerdo al esquema de cómo forjar a los mejores.

TAREA

¿Tiene Ud. discípulos? (personas que ha ganado y está adoctrinando). Si la respuesta es SI, escriba según lo visto en clase cómo es su relación con ellos. Si la respuesta es NO, diga por qué.

10 Cuestionario de Apoyo

1. ¿Cuál cree fue el éxito del Ministerio de Jesús?

_____
_____
_____
_____

2. Según Juan 17:21-23 ¿Qué característica fue primordial en la relación de Jesús con sus discípulos?

_____
_____
_____
_____

3. ¿Por qué es importante la unidad dentro de un equipo? Mencione un Versículo que lo justifique.

_____
_____
_____
_____
_____
_____
_____

4. Según el punto 2 ¿Qué responsabilidad tenemos como líderes?

_____
_____
_____
_____

5. Lea 1ª Corintios 9:19 ¿Cuáles son los parámetros para formar líderes excelentes?

_____
_____
_____
_____

6. ¿Qué fortalezas tiene como líder, qué le gustaría que sus discípulos desarrollaran?

_____

_____

_____

_____

7. ¿Qué errores ha cometido durante su liderazgo que evitaría que sus discípulos repitieran?

_____

_____

_____

_____

_____

8. ¿Cree que hay cosas en la relación con su líder que deberían cambiar? ¿Cuáles?

_____

_____

_____

_____

9. ¿Qué aportaría usted para que la relación con su líder y discípulos fuera excelente?

_____

_____

_____

_____

_____

_____

_____